AF242310

NOTE

POUR

LA COMMUNE DE CALUIRE

CONTRE

LES FRÈRES DE LA DOCTRINE CHRÉTIENNE

LYON

IMPRIMERIE TYPOGRAPHIQUE BELLON

33, RUE DE LYON, 33

—

1873

« La loi de vendémiaire punit les habitants d'une commune parce qu'ils ont manqué à un

 « devoir d'assistance mutuelle !

« (Réquisitoire de M. Dupin. — Doctrine, jurisprudence. — De la Cour de Lyon. —

 « Du jugement lui-même.

« Or, à quel devoir les habitants de Caluire ont-ils manqué ?

« Quelle faute ont-ils commise ?

« Qu'auraient-ils pu empêcher ?

« S'ils n'ont commis aucune faute, s'ils n'ont pu rien empêcher, s'ils n'ont manqué à aucun

 « devoir, comment sont-ils punis ?

PREMIÈRE PARTIE

Avant que les débats soient clos, avant que M. l'Avocat général ait été, entendu dans ses conclusions, M. le Maire de Caluire, et la Commission municipale instituée pour gérer les affaires communales, tiennent à protester une dernière fois, au nom d'une Commune menacée, contre la demande dont elle est l'objet, contre la loi de Vendémiaire qu'un jugement du Tribunal de première instance a appliquée à une collection d'habitants *innocents des attentats commis, impuissants à les empêcher.*

Certes, toute conscience honnête réprouve les attentats dont les Frères ont été l'objet.

Mais ce n'est pas une raison pour que l'innocent paie pour le coupable.

La Commune a un budget annuel de 100,000 fr. de recettes ; — elle a un budget annuel de 150,000 fr. de dépenses, ce qui l'oblige à s'imposer déjà de 50 centimes additionnels par franc. Ceux qui supportent ces charges écrasantes, constituent toute la partie honnête, conservatrice, toute la partie qui possède.

C'est à eux encore qu'on demande de supporter le fardeau d'une indemnité de plus de 200,000 fr. et de frais s'élevant à 30,000 fr. environ.

Et quand, pleins de sympathie et de respect pour les Frères, ils les renvoient au véritable coupable, à l'État, plus coupable que qui ce soit d'avoir reconnu ou laissé nommer des agents indignes, *méritent-ils d'être écoutés ?*

Encore une fois, ils supplient la Cour de les écouter une dernière fois.

Des faits qui ont précédé ou accompagné les attentats incriminés, ils ne veulent rappeler que ce qui suit :

Le 4 septembre, à Caluire comme à Lyon, une sorte de Comité de salut public est installé.

Lyon voit arriver, pour administrer le département, en face de l'ennemi, un vigoureux républicain, Challemel-Lacour, investi de pleins pouvoirs ordinaires et extraordinaires.

C'est un Commissaire extraordinaire de la République française, représentant du pouvoir central en face de l'ennemi qui envahit la France.

Le pouvoir central lui-même se constitue régulièremont et est obéi partout, grâce au patriotisme de tous.

Dans une circulaire insérée dans le numéro de la *Décentralisation* du 10 septembre, Gambetta écrit aux préfets d'avoir recours à tous les moyens pour mettre sur pied toutes les forces vives de la nation et user de toutes les ressources qu'elle présente.

Tous les couvents, tous les établissements publics sont réquisitionnés.

Les hommes de 21 à 40 ans sont appelés.

Les élections municipales ont lieu dans le Rhône les 17 et 18 septembre.

La commune de Caluire est composée de quatre parties bien distinctes. Caluire, Cuire, Saint-Clair, le clos Bissardon.

Jusqu'au 17 septembre chacune de ces parties avait nommé un certain nombre de conseillers pris dans son sein.

Et, grâce à ce mode de scrutin, l'élément conservateur dominant à Cuire et à Caluire, le Conseil municipal avait toujours compté une majorité composée de l'élément conservateur et des plus imposés de la Commune.

Le Commissaire extraordinaire voulant avoir un Conseil municipal et un Maire dociles, substitue de sa propre autorité et par une illégalité flagrante le scrutin de liste au scrutin fractionné.

Et la Commune se trouve administrée par ceux-là même, qui, le 4 septembre avaient envahi la salle des séances du Conseil municipal et s'étaient constitués en Comité de salut public.

Cependant les élections du Conseil municipal à Lyon avaient eu pour but de mettre fin à la puissance usurpatrice du Comité de salut public.

Ce comité essaie de résister et fait une première tentative, le 20 ou le 21 septembre.

Il la renouvelle le 27. Les bataillons de la Croix-Rousse descendent aux Terreaux. L'Hôtel-de-Ville est envahi. Le préfet est un moment prisonnier.

Il est dégagé, il se fait confirmer ses pouvoirs extraordinaires et il agit avec une énergie impitoyable contre ceux qui veulent aller à l'encontre de son autorité.

Il est le chef des forces militaires ; un vieux général, le général Mazure, qu'il ne trouve pas assez docile, est arrêté et est conduit au milieu de la populace.

L'ordre envoyé à Bron et concernant M. de Carayon-Latour indique de quoi le Commissaire extraordinaire était capable.

L'assassinat du commandant Arnaud indique à quels excès pouvaient se porter certains bataillons de la garde nationale requis à un moment donné.

Voilà dans quel milieu se produisent les faits incriminés à la date du 27 septembre.

Que ces faits aient été inspirés par des passions antireligieuses détestables ; qu'ils aient leur origine dans les infamies jetées aux Frères par le journal l'*Excommunié* ; que le règne de M. Challemel-Lacour ait été marqué par une tendance prononcée à proscrire et poursuivre tout ce qui était religieux, tout ce qui portait l'habit religieux ; que l'autorité dont certains ont été investis ait été mise au service de leurs convoitises et de leurs haines antisociales et antireligieuses !

Tout cela peut être vrai.

Mais retenons ceci :

Le pouvoir central, obéi partout, ayant la volonté et la force pour se faire obéir, a envoyé à Lyon M. Challemel-Lacour. M. Challemel-Lacour, en modifiant le mode des élections de Caluire, a amené à la tête de la commune, comme agent tout à la fois du gouvernement et de la commune, Vassel avec un Conseil municipal composé des hommes que nous savons.

La collection des habitants de la commune de Caluire a-t-elle pu empêcher la constitution de cet état de chose, de laquelle sortiront bientôt les attentats incriminés ?

En est-elle responsable, ou est-ce l'Etat qui en est responsable ?

Et si ces agents ainsi constitués, pour satisfaire leurs passions, mettent la forme légale au service d'attentats commis par eux, s'ils ont la force régulière en main, et derrière eux le pouvoir central, *est-ce la commune qui devra être responsable de ces attentats? Ou bien est-ce le pouvoir, autrement l'État, responsable de ses agents?*

Si la commune n'est pas responsable de la cause, comment peut-elle être responsable de l'effet ?

Et nous arrivons aux faits ?

Il y avait à Caluire, sur le chemin qui va de Lyon au camp de Sathonay, à proximité du camp, un immense établissement appartenant aux Frères de la doctrine chrétienne.

Les Frères avaient offert de le mettre à la disposition des autorités pour loger un certain nombre d'hommes.

Eux-mêmes en avaient déjà reçu un certain nombre.

Mais ils avaient compté sans les passions anti-religieuses de Vassel, du Conseil municipal, heureux de trouver une occasion de vexer et de poursuivre l'habit religieux, ils avaient compté sans les convoitises de ces mêmes hommes qui n'auraient pas été fâchés de confisquer au profit de la commune, sous le prétexte de salut public, un tel établissement.

Ils avaient compté sans les tendances du préfet à favoriser tout ce qui était antireligieux, et sans cette tendance née des circonstances, née des pouvoirs dont il était investi, d'absorber tout ce qui pouvait concourir à la défense nationale, en excluant le concours privé et volontaire des Frères, heureux lui aussi, peut-être, de trouver une occasion de les vexer et de les chasser.

Et puis, à ce moment, l'opinion publique mauvaise demandait que les Frères fussent envoyés sur les champs de bataille où ils ont su, d'ailleurs et de leur propre volonté, se montrer si admirables.

Les autorités n'étaient pas fâchées de trouver un prétexte pour les chasser et pour donner satisfaction aux détestables instincts qui s'étaient déchaînés contre eux.

Enfin, il faut tenir compte des comparses de bas étage qui, dans ces moments de trouble, poussent à ces mesures pour y trouver une occasion de maraudage, de pillage et de vol.

Mais, quelles que soient les responsabilités individuelles pour des faits individuels, dans ces jours néfastes, en face de ces mesures ayant une apparence légale, fussent-elles au fond les attentats les plus odieux, quand la force du pays est mise à leur service par les agents réguliers du pays, quand le pouvoir central est derrière elles ; devant l'histoire et la justice, à celui qui avait le pouvoir de les empêcher et qui les a ordonnées ou sanctionnées, incombe la responsabilité, dans l'espèce, à Challemel-Lacour et à l'Etat.

Donc le mardi 27 septembre, le Conseil municipal adoptait les mesures suivantes :

« Considérant que la patrie en danger a besoin de toutes les ressources de la France ;

« Considérant que l'immense établissement des Frères ignorantins peut être converti en ambulance, caserne ou en toute autre destination jugée nécessaire par le Comité de défense nationale.

« Le Conseil municipal, à l'unanimité, a ordonné le départ pour leurs foyers respectifs de tous les Novices et Frères. »

Cette délibération est signée de tous les membres du Conseil.

Elle porte : Vu et approuvé, CHALLEMEL-LACOUR.

Les Frères protestent et refusent d'obéir.

Un poste de garde nationale est installé dans leur maison avec l'assenti-ment du Préfet auquel il en est référé.

Il va sans dire qu'à l'occasion d'une semblable occupation, les comparses dont je parlais tout à l'heure vont venir à la curée : les denrées seront consommées et gaspillées ; les liquides absorbés : les meubles, les immeubles subiront des dégradations, d'aucuns disparaîtront.

Mais à qui la responsabilité sinon à ceux qui donnent de pareils ordres, à ceux qui les sanctionnent, à ceux qui en confient l'exécution à de pareils hommes.

Il faut vaincre la résistance des Frères.

Le 1ᵉʳ octobre, la force armée de Lyon, la force du moment, celle qui avait remplacé toutes les autres, la garde nationale est mise en mouvement par le Commissaire extraordinaire.

« Ordre au citoyen Chavant (*capitaine*), de prendre une compagnie pour expulser les Frères ignorantins de Caluire, suivant les ordres du Préfet du Rhône. »

Lyon, le 1ᵉʳ octobre.

Pour le Commandant supérieur :

Le Chef d'Etat-Major,

VÉRAT.

Le Maire, le Conseil, le Préfet sont-ils intimément associés au début?

Au reste l'honorable défenseur des Frères n'a pu s'empêcher de s'écrier :

Le Conseil municipal a voulu faire un grand acte de souveraineté municipale !

Le Préfet, le Maire, le Conseil se sont associés pour l'accomplir.

Il aurait pu ajouter :

Et la garde nationale de Lyon a été requise pour prêter main-forte !

Oui : mais qui était le Préfet, qui était le Maire, sinon les agents du pouvoir, usant de leur autorité pour commettre des attentats, si on veut, mais couvrant de cette autorité ces dits attentats?

Pauvre commune de Caluire ! pauvres habitants conservateurs et imposés auxquels on demande aujourd'hui de payer ces folies, qu'étiez-vous à ce moment vis-à-vis du très-haut et très-puissant préfet du Rhône, du ministre de l'intérieur Gambetta que le mot ou le prétexte de défense nationale rendait fou, et de la garde nationale de Lyon !

Cependant on veut apporter dans les ordres un peu d'humanité ou beaucoup d'hypocrisie, comme on voudra.

Les Novices partent et on accorde un délai aux Frères pour partir.

Il paraît aussi qu'on veut apporter un peu d'ordre dans le désordre et on songe à dresser un inventaire des objets mobiliers et de l'état des immeubles, à la date du 2 octobre.

Et le 3 octobre une deuxième délibération dit que la propriété sera communale et servira aux besoins de la défense nationale.

Que les vieillards et les infirmes resteront provisoirement dans l'établissement.

Et qu'un inventaire sera dressé.

Cette délibération est encore prise avec la sanction du préfet du Rhône, ainsi que cela résulte de l'approbation mise par lui sur l'acte du 6 octobre.

Il paraît que le Frère supérieur protesta contre cette déclaration de propriété communale, contre cet inventaire.

On le trouva mauvais :

Et le 6 octobre intervint un arrêté du maire Vassel.

Il demande au préfet de procéder immédiatement à l'expulsion.

Et le préfet écrit *de sa propre main*, au bas, ce qui suit :

Autorisation est donnée de conduire les vieillards et infirmes restés dans la maison des Frères de Caluire à la Charité ou à l'Antiquaille, où ils seront retenus aux frais de la commune.

Signé : CHALLEMEL-LACOUR.

La spoliation était consommée, mais toujours sous forme de réquisition ou d'expropriation pour cause de défense nationale.

Et le préfet sanctionnait tout !

Une nouvelle délibération du 9 octobre vient réglementer cette prise de possession.

Les scellés sont apposés.

L'inventaire commencé par trois conseillers est confié à un commissaire-priseur.

Des conseillers municipaux protestent contre toute responsabilité qui pourrait peser sur la commune.

Et pour sauvegarder cette responsabilité, il est dit :

1º Que les récoltes, provisions, etc., seront vendues aux enchères;

2º Que la literie sera remise au Comité de la guerre ;

3º Que le produit de la vente sera employé à des œuvres de bienfaisance déterminées par le Conseil.

Le préfet du Rhône approuve toujours.

Cependant les avertissements et les protestations n'avaient pas fait défaut !

Le 28 septembre, un ancien conseiller municipal, un des plus imposés, M. Joannon; le maire actuel, avait couru à la préfecture.

M. Gomot, secrétaire général, l'avait mis à la porte en le traitant de *jésuite*.

Le lendemain, treize habitants des plus imposés avaient renouvelé la même démarche.

Ils avaient été éconduits.

Le garde-champêtre avait protesté, il avait été révoqué.

Le 13 octobre, le Frère supérieur adresse au préfet une protestation énergique.

Elle reste sans réponse.

Pendant ce temps l'inventaire se dresse.

Et le moment de la vente va arriver.

Les Frères s'adressent alors à la justice et introduisent un référé pour voir dire qu'il sera défendu au commissaire-priseur de vendre.

L'ordonnance est rendue.

Le préfet y répond par un arrêté du 28 octobre qui, visant la délibération du 27 septembre, laquelle, dans un intérêt d'ordre public, a ordonné l'expulsion des Frères.

Ordonne la vente;

Dit que les fonds seront versés à la Trésorerie pour les besoins de la défense;

Ordonne l'apport à la préfecture de tous les objets sacerdotaux.

Ils ont été rendus intacts le 11 mai 1871.

S'agit-il de la gestion de l'établissement ?

Denis Brack avait d'abord été nommé Conservateur et agréé par le préfet.

Il prend la fuite après l'assassinat du commandant Arnaud.

Il est remplacé par Rivière, que le préfet agrée le 30 décembre.

S'agit-il de la destination des deniers provenant de la vente qui a eu lieu le 30 novembre?

Le préfet en réglemente l'emploi par une lettre du 19 décembre.

C'est encore le préfet qui, à la fin de décembre ou dans les premiers jours du mois de janvier, met l'établissement aux mains de l'autorité militaire du camp de Sathonay pour en faire un hôpital.

Le génie militaire y commence des travaux.

M. Challemel-Lacour quitte Lyon et est remplacé par M. Valentin.

Comment ce dernier a-t-il apprécié les actes en question ?

A un moment où les esprits étaient plus calmes, où les choses se jugeaient mieux, a-t-il repoussé au nom de l'Etat la responsabilité de ces actes?

Le 14 mars, il écrit au maire :

« *L'établissement de Caluire avait été requis par mon prédécesseur* pour loger différents corps de passage et ensuite avait été mis à la disposition du général de division commandant le camp de Sathonay pour en faire un hôpital. »

Et le 19 avril il écrivait encore à Rivière nommé Conservateur. .

« L'établissement de Caluire n'étant *plus nécessaire pour les besoins de l'État, en vue desquels il avait été requis,* je vous invite à en opérer de suite la remise aux mains des co-propriétaires. »

Ces deux lettres portent la signature du secrétaire général, mais elles sont trop graves pour n'être pas émanées de la volonté du préfet.

Nous sommes donc en face de la qualification donnée par l'Etat lui-même à ces actes, de la revendication qu'il en fait !

Voilà les faits dans toute leur vérité.

Il s'agit d'en tirer les conséquences légales et juridiques au point de vue de la responsabilité.

Après avoir signalé les passions antireligieuses et antisociales, les convoitises et les appétits qui ont donné naissance aux faits incriminés, l'honnorable défenseur des Frères a dit :

« La loi de vendémiaire rend les communes civilement responsables des
« attentats commis contre les personnes ou contre les propriétés, par des
« rassemblements ou attroupements armés.

« Le fait matériel brutal suffit, sans avoir à examiner l'intention bonne ou
« mauvaise des habitants, l'impossibilité où ils ont été d'empêcher, ou les
« efforts qu'ils ont faits pour empêcher.

« A partir du 27 septembre, des hommes animés d'intentions détestables,
« obéissant aux plus mauvaises passions. Challemel-Lacour, Vassel et
« consorts, et des gardes nationaux armés, en envahissant l'établissement
« des Frères, en s'y installant, en les séquestrant, en les expulsant, en les
« expropriant, ont commis contre leurs personnes et leurs propriétés des
« attentats odieux.

« Donc la Commune en est responsable.

« S'ils étaient de simples particuliers qui se fussent livrés à ces actes, la
« responsabilité pourrait-elle être contestée? Comment la circonstance
« aggravante tirée de leur fonction et de leur autorité dont ils ont abusé
« pourrait-elle écarter la responsabilité, pourrait-elle légitimer ces actes?

« Ces actes n'en sont que plus odieux et plus coupables.

« Comment le masque de réquisition revêtu par eux, comment l'hypocrisie
« de l'intérêt public, de la défense nationale viendraient-ils à décharge !

« Ils s'en préoccupaient si peu qu'avant le 2 septembre les Frères avaient
« offert leur établissement, que déjà ils avaient reçu des mobiles, et que
« pendant deux mois, aux mains de la commune, l'établissement n'a en
« réalité reçu aucune destination sérieuse et utile.

« On a voulu usurper, chasser, piller, courir sus à la robe qu'on détestait,
« on a couvert tous ces attentats de l'intérêt du pays.

« C'est encore plus condamnable.

« Est-ce qu'il est possible de soutenir que la participation aux actes cou-
« pables d'un Maire, d'un Conseil, d'un Préfet même, peuvent priver les
« victimes des attentats de la responsabilité écrite dans la loi.

« *La jurisprudence et la doctrine protestent.* »

Nous répondons, en faisant disparaître d'abord une confusion qui a régné dans toute la plaidoirie de nos adversaires.

Il ne faut pas confondre les responsabilités ; il faut au contraire les distinguer avec soin.

Il y a en jeu la responsabilité collective des habitants de la commune, puis la responsabilité spéciale de Challemel, de Vassel, de tous ceux qui individuellement ont participé aux attentats : soit au point de vue civil, soit au point de vue pénal.

Certes, pour ceux-là, s'ils se sont couverts du masque de l'autorité, s'ils ont coloré, par le prétexte de l'ordre public et de la Défense nationale, leurs intentions spoliatrices, ils sont cent fois plus coupables.

Mais en quoi cela aggrave-t-il la responsabilité collective des habitants ?

Cette confusion dissipée, et elle n'a pas d'autre cause que l'impossibilité d'asseoir juridiquement la responsabilité de la commune et la nécessité de la faire succomber sous la responsabilité personnelle rendue plus odieuse des agents incriminés, examinons la loi, les textes en main.

TITRE PREMIER.

Tous citoyens habitant la même commune sont garants civilement des attentats commis sur le territoire de la commune, soit contre les propriétés, soit contre les personnes.

TITRE IV.

ARTICLE PREMIER. — Chaque commune est responsable des délits commis à force ouverte ou par violence, sur son territoire, par des attroupements ou rassemblements armés ou non, soit envers les personnes, soit contre les propriétés nationales ou privées, ainsi que des dommages-intérêts auxquels ils donneront lieu.

Art. 4. — Les habitants de la commune ou des communes contribuables qui prétendraient n'avoir pris aucune part aux délits et contre lesquels ne s'élèverait aucune preuve de complicité ou de participation aux attroupements, pourront avoir leurs recours contre les auteurs ou complices des délits.

Art. 8. — Cette responsabilité de la commune n'aura pas lieu dans le cas où elle justifierait avoir résisté à la destruction des ponts ou des routes, ou bien avoir pris toutes les mesures qui étaient en son pouvoir pour prévenir l'évènement.

Cette loi est née de la lutte redoutable et sanglante engagée en l'an II, III et IV, entre la Convention et la Commune de Paris.

A Paris et sur toute la surface de la France les autorités locales s'insurgeaient contre le pouvoir central représenté par la Convention.

Et à l'abri de ces discordes intervenues se traduisant par l'émeute, le vol, l'assassinat, le brigandage, se donnaient carrière.

La Convention finit par triompher de la Commune ; mais il faut que toutes les résistances locales disparaissent et il faut que l'ordre matériel règne.

La force armée est insuffisante.

Souvent elle est loin.

Et la loi de vendémiaire appelle tous les citoyens à la défense des lois et de l'ordre.

Elle leur dit : Dans chaque commune, là où une insurrection se produira, là où des attentats contre les personnes et les propriétés seront commis, ou seront sur le point de se commettre, levez-vous : si le pouvoir central n'est pas assez fort, votre concours lui donnera la force nécessaire s'il est loin, vous lui donnerez le temps d'accourir.

La loi de vendémiaire, c'est en quelque sorte la nation tout entière mise en demeure, sous une sanction pénale, de faire la police au nom du pouvoir régulier du pays et pour lui.

Nous n'insistons pas. M. Dupin, l'éminent juriconsulte a prononcé sur cette matière un réquisitoire remarquable auquel nous renvoyons.

La doctrine et la jurisprudence ont été unanimes pour reconnaître et proclamer que la loi de vendémiaire reposait sur *un devoir d'assistance mutuelle imposé aux citoyens les uns vis-à-vis les autres*, dans les temps de trouble, de désordre matériel et d'anarchie, et imposé aussi vis-à-vis de l'État.

Elle les punit quand ils les méconnaissent, quand ils n'obéissent pas.

L'esprit de la loi qui se dégage de ce principe universellement reconnu, c'est qu'on ne peut être puni que pour une faute qu'on a pu ne pas commettre, et qu'une responsabilité ne peut peser sur les habitants quand ils ont été impuissants à empêcher ce qui s'est produit.

Car jamais l'élément moral ne peut disparaître d'une responsabilité pénale.

Le texte de la loi est conforme à son esprit.

Dans le titre I et dans l'art. 1er du titre IV, le législateur pose le principe :

S'il ne précise pas que la responsabilité suppose que les habitants ont pu l'em-pêcher, encore une fois c'est que cette condition qui est la condition de tout délit, de toute faute ne s'écrit pas.

Le législateur a été cependant amené à l'écrire dans l'art. 8 , quand, à propos des ponts coupés, il dit que la responsabilité cessera si l'on justifie avoir résisté à la destruction des routes et ponts, ou avoir pris toutes les précautions possibles pour l'empêcher.

Voilà donc l'esprit de la loi dégagé :

Devoir d'assistance mutuelle imposé a tous ; Chatiment quand, pouvant remplir ce devoir, les habitants ne l'ont pas rempli et ne se sont pas serrés derrière le pouvoir central dont ils sont consti-tués les défenseurs.

Et c'est pour le cas où la faute existe dans tous ses éléments que l'art. 4, mal à propos invoqué, pour dire que le fait matériel des attentats suffit à entraîner la responsabilité, c'est, dis-je, pour le cas, où la faute existe que l'art. 4 accorde aux habitants qui, individuellement, ne seraient atteints par aucune preuve établissant qu'ils ont commis un crime ou délit, que la loi leur accorde un recours contre les auteurs connus.

En d'autres termes, il y a eu un attentat que la commune, en se levant, pou-vait empêcher.

Elle est coupable et est responsable vis-à-vis des victimes.

Mais une fois les victimes désintéressées, si on connaît les auteurs, les habitants qui ont payé sans avoir pris une part à l'attentat, et coupables seulement d'inertie, ont un recours contre les auteurs du crime ou du délit.

Il ne faut donc pas nous reprocher d'avoir posé en principe qu'une commune ne sera pas responsable quand le pouvoir municipal et même préfectoral auront été complices de l'attentat.

Et la jurisprudence a sagement fait de protester contre cette prétention qui n'a jamais été la nôtre.

Nous nous sommes placés au point de vue de l'espèce particulière que nous examinions, et nous nous sommes demandé, à ce point de vue spécial :

Y a-t-il eu de la part des habitants de Caluire manquement à ce devoir d'assistance mutuelle imposé aux citoyens, soit vis-à-vis les uns des autres, soit vis-à-vis du gouvernement.

Y a-t-il eu faute commise par eux, méritant châtiment, parce qu'ils auraient pu ne pas la commettre.

Et nous avons répondu énergiquement *non*, non point parce que dans l'espèce il y a eu un Maire, un Conseil municipal, un Préfet complices.

Car si le Maire, le Conseil, le Préfet, en se rendant complices de ces actes, en les commettant, s'étaient insurgés contre le pouvoir central, absolument comme la Commune de Paris le faisait, nous proclamerions la responsabilité de la commune, d'autant plus obligée de se lever et de résister que le danger était plus grand, que le pouvoir central était trahi et qu'il lui fallait donner le temps d'arriver; mais parce que, dans l'espèce les actes incriminés ont été commis par un Préfet, un Maire, un Conseil, les couvrant de leur autorité, leur donnant une apparence légale, les accomplissant au nom du pouvoir central, trahissant peut-être leur mandat, leurs fonctions, en abusant ; mais investis de pouvoirs extraordinaires, approuvés par le ministère, par le gouvernement de la Défense nationale.

Car, si une résistance s'était produite à main armée, par exemple, nous aurions vu le pouvoir central mettre la force armée au secours de ses agents qui lui auraient dit : J'agis pour la Défense nationale et on trahit le pays en me résistant.

Un exemple emprunté aux douloureux événements des deux dernières années, fera saisir notre pensée.

Quand le Gouvernement siégeait à Versailles, quand Paris s'insurgeait et ressuscitait l'ancienne Commune, si le Préfet de la Seine se fût rangé du côté des émeutiers, la complicité du Préfet et du Conseil n'eut pas empêché la responsabilité de Paris, plus intéressé par la gravité du danger à défendre le Gouvernement de Versailles.

Si, à Lyon, au moment où le Comité de salut public rêvait des projets séparatistes sous le titre de Commune de Lyon et de Ligue du Midi, si le Préfet se fût mis à la tête, la complicité du Préfet, du Maire, du Conseil n'eussent pas dégagé la responsabilité de la Ville, elles l'eussent aggravée.

Mais quand il y a accord intéressé entre le pouvoir central, le Préfet, le Maire, le Conseil, et quand les agents subalternes ou mêmes élevés commettent des attentats, sous le couvert de la légalité au nom du pouvoir central, en vertu de l'autorité dont il les a investi, se lever contre ces attentats, c'est en quelque sorte s'insurger contre le pouvoir central.

Il faut laisser passer la crise, il faut laisser partir l'ennemi, tout en essayant par les voies légales et pacifiques d'éclairer l'autorité.

Et quand la crise est passée, quand on ne peut plus être acccusé de trahir le pays, on demande compte à l'Etat des actes de ses agents, on le met en demeure de les couvrir ou de les désavouer, et on lui demande, à lui responsable de ses agents, de réparer le mal qu'ils ont fait.

Et cela est nécessaire surtout dans les moments de désordre moral, pour ne pas achever de détruire les principes d'ordre, de régularité, d'autorité si ébranlés. Il faut obéir à ce qui a l'apparence de la régularité et de la légalité, et ne pas se faire juge au point de s'y opposer par la force, comme la loi de vendémiaire en fait une obligation, de ce qui est présenté comme une émanation du pouvoir central et régulier.

Nous disons encore *non*, parce qu'une autre condition de la loi, non moins *essentielle n'existe pas ; à vrai dire les deux conditions n'en font qu'une.*

La loi de vendémiaire punit une faute parce qu'on aurait pu ne pas la commettre : elle punit un manquement à un devoir d'assistance mutuelle, parce qu'on aurait pu remplir un devoir.

En quoi eût consisté ce devoir dans l'espèce ?

Les Frères étaient des habitants de la commune de Caluire ; un attentat était commis envers eux et contre leurs propriétés. Les habitants devaient se lever, et là où un désordre se produisait contre l'ordre public et contre le pouvoir représentant l'ordre public, c'est-à-dire le pouvoir central, courir en armes pour l'empêcher.

Il n'y a pas à équivoquer ; dans la thèse des adversaires, voilà où était le devoir.

C'est bien grave, on en conviendra, quand un Conseil municipal à l'unanimité, quand un Maire, quand un Préfet commissaire extraordinaire ont ordonné l'attentat, quand il est couvert du grand nom de la Défense nationale, quand le ministère de l'intérieur a donné plein pouvoir de tout faire en vue de cet intérêt sacré.

C'est bien grave, quand l'ennemi est aux portes, quand les passions sont surexcitées et quand les masses crient que la trahison est partout, qu'elle est surtout au camp des monarchistes, au camp des hommes religieux.

C'est bien grave, quand le premier devoir est de ne pas mettre la guerre civile en face de la guerre étrangère.

Voyons ! Qui eût osé prendre une telle responsabilité ? Et les Frères eux-mêmes, dans leur esprit d'abnégation et de patriotisme, eussent-ils voulu être ainsi secourus ?

Et puis c'eût été fou, car le Préfet se fût-il incliné devant la résistance par la force qu'il eût qualifié d'émeute !

Il était donc bien permis de recourir aux remontrances pacifiques.

Le Président de la Commission municipale actuelle, l'ancien Conseil municipal court à la Préfecture, dénonce le fait, proteste, — c'était le lendemain, — on le met à la porte : *Jésuite.* Les quinze plus forts imposés font une démarche collective, on les éconduit.

Et le Préfet répond par l'ordre à la garde nationale de Lyon donné le 1er octobre de monter à Caluire.

Nous demandons aux Frères de nous dire si à ce moment ils eussent conseillé de résister par la force.

Et puis viennent les actes généraux d'approbation du Préfet, indiquant qu'il a tout voulu, tout approuvé, et qu'il n'eût pas accepté de résistance ; on va jusqu'à révoquer un pauvre garde-champêtre.

Mais un fait se dégage dans cet ordre d'idées, qui a une importance immense.

Résister par les armes, qui l'eût conseillé ?

Les remontrances pacifiques on les avait jetées de côté.

Il restait une dernière force, une force morale, la plus grande, la plus haute, la plus respectée ! On va à elle et on s'efforce d'empêcher l'accomplissement des actes d'usurpation en défendant la vente des objets usurpés.

La justice rend une ordonnance !

Le préfet s'incline-t-il ? *Il répond par un arrêté qui ordonne de vendre et on vend.*

Nous le demandons à toute conscience honnête, *la seconde condition de la loi de vendémiaire existe-t-elle ?*

Une faute a-t-elle été commise par les habitants de la commune ?

Ont-ils manqué à un devoir d'assistance mutuelle !

Les Frères eux-mêmes leur eussent-ils demandé d'intervenir ?

Et c'est à cette hauteur du débat que se dégage plus encore l'esprit de la loi.

Il n'y a pas de responsabilité, non pas comme nous le disions, parce qu'un préfet, un maire sont complices, mais parce qu'il s'agit d'actes commandés, dirigés par l'autorité régulière du pays, par le pouvoir central, représenté par ses agents.

Et comment résister au pouvoir central? Lui résister par la force, lui résister en face de l'ennemi, est au point de vue social le plus élevé, une faute, presque un crime ; quand la situation est celle que nous indiquons, il *ne peut être question de devoir d'assistance mutuelle.*

Et cela nous amène à dégager de ce procès, sur le terrain de l'ordre constitutionnel des sociétés, une double conséquence, que nos adversaires demandent à la Cour de consacrer :

1° Dans les temps troublés que nous avons traversés, quand les passions politiques peuvent faire hésiter les consciences, quand les haines sont exploitées, et quand le salut du pays est engagé par la présence de l'ennemi sur le territoire, tous les honnêtes gens doivent se rattacher au pouvoir régulier existant, aux agents qu'il a investis de sa confiance.

Et si ceux-ci sous l'influence des plus mauvaises passions, ou sous l'influence d'un patriotisme mal placé, ou sous l'influence de l'exagération de leurs devoirs, commettent des abus de pouvoirs, des abus d'autorité qui portent atteinte aux propriétés, aux personnes, il faut prendre garde de déplacer les responsabilités et de se laisser entraîner à une sorte de confusion de pouvoirs.

Et quand, comme dans l'espèce, jusqu'à la dernière heure le représentant de l'Etat a *revendiqué au nom du pays la responsabilité des mesures prises*, il faut aller droit à l'Etat et lui dire : nous avons souffert : votre représentant a dit que c'était pour le pays, nul ne doit supporter des charges que les autres ne supportent pas ; que le pays, par votre intermédiaire nous indemnise.

Et c'est à vous de juger vos fonctionnaires et de leur demander compte de leurs actes ; *nul autre ne doit s'immiscer dans cette appréciation, comme aussi vis-à-vis de nous, lésés, nul autre ne doit supporter la responsabilité.*

2° *Il faut prendre garde que, dans aucune circonstance, pour quelque cause que ce soit, quelque chose ressemblant à une insurrection, à une résistance à main armée contre le pouvoir central* puisse être sanctionné !

L'histoire de nos révolutions pourrait prendre pour épigraphe un mot sinistre :

L'insurrection peut être un droit et un devoir. — Laissons ce mot terrible à ceux qui l'ont inventé.

Mais, qu'on ne se méprenne pas sur notre pensée : la responsabilité que nous réclamons contre l'Etat grandira de tout le pouvoir dont nous l'investissons, de toute l'obéissance que nous réclamons pour lui, et pour ceux qui ont sa confiance.

Et quand l'heure des comptes et des responsabilités sonnera, nous serons impitoyables si ses fonctionnaires ont été indignes, et le défenseur des Frères nous trouvera aussi ardent que lui pour la protection de leurs intérêts.

Tous ces principes sont-ils donc méconnus dans le jugement de première instance auquel il n'est pas permis, tout en le discutant, de ne pas rendre un hommage éclatant.

Ils sont tous consacrés, au contraire : mais quand il a été rendu, les temps étaient encore troublés, les cœurs étaient encore sous le coup de l'indignation que certains attentats avaient excités.

On avait hâte de rendre justice et peut être les considérations rigoureuses du droit ont elles, par une sorte d'entraînement inconscient, fléchi devant le désir âpre, ardent, légitime, de proclamer ce qui était juste, et de réparer les injustices qui avaient été commises.

C'est l'amour, la soif de la justice à rendre à celui qui avait été opprimé qui a peut-être fait dévier les premiers juges dans les conséquences tirées par eux des prémisses incontestables, posées par eux.

Que dit, en effet, le jugement dans la partie qui traite de la loi de vendémiaire.

« Attendu que ce serait imaginer « une restriction spécialement con- « traire au texte et à l'esprit de la « loi, de décider que la commune ne « serait pas responsable lorsque le « rassemblement aurait été provo- « qué ou dirigé par l'autorité muni- « cipale.

« *Que le fondement de la respon-* « *sabilité étant le manquement à une* « *sorte d'assurance mutuelle imposée* « *par le législateur entre les habitants* « *d'une commune, dans le but de se* « *protéger les uns et les autres, il* « *est incontestable que l'inertie des* « *citoyens suffit pour les constituer* « *en faute, même en l'absence ou* « *l'inaction des autorités.*

« Que, si au lieu de favoriser l'at- « troupement par leur faiblesse ou « leur connivence secrète, les offi- « ciers municipaux faisant un pas « de plus, la provoquent ou la diri- « gent, on ne voit nulle part dans « la loi de vendémiaire ni ailleurs, « que les habitants soient dégagés « de leur responsabilité collective.

Avions-nous raison de dire que nous sommes d'accord avec les principes posés dans ce jugement, et que nous nous appuyons sur eux ?

Le jugement proclame, comme nous, *que la loi de vendémiaire repose sur un devoir d'assistance mutuelle des citoyens les uns vis-à-vis des autres :* « DANS LE BUT DE SE PROTÉGER LES UNS PAR LES AUTRES. »

Il rappelle, comme nous, que la loi est née de la lutte entre la Commune de Paris et la Convention.

Qu'il faut intéresser les citoyens à s'armer même contre l'autorité municipale et préfectorale, quand elles commandent les délits.

Il termine en disant qu'il est juste de punir les habitants qui ont manqué à leur devoir.

Le premier juge suppose donc comme nous, que la loi de vendémiaire inflige une peine, et que les

« Que, surtout lorsque les habi-
« tants sont comme sous le régime
« actuel, entièrement maîtres dans le
« choix des corps municipaux, on ne
« concevait pas qu'ils fussent d'autant
« moins responsables qu'ils avaient
« fait de plus de mauvais choix, et
« comment leur responsabilité ces-
« serait par le défaut de fermeté ou
« de moralité des élus.

« Qu'une pareille distinction serait
« d'ailleurs en contradiction absolue
« avec les données historiques sur la
« situation qui provoqua la loi de
« vendémiaire.

« Que c'était surtout contre la for-
« midable puissance de la Commune
« de Paris, et contre les séditions
« organisées et dirigées par ses chefs
« que la Convention voulait se don-
« ner des armes en se créant des
« auxiliaires parmi les citoyens qu'elle
« intéressait à employer toute leur
« activité personnelle pour prévenir
« le mal et pour l'arrêter.

« Qu'il n'y a rien de plus moral
« et de plus utile aux bases mêmes
« de toute société, que d'enjoindre
« aux citoyens non-seulement de dé-
« sobéir à l'autorité municipale ou
« préfectorale qui commanderait un
« délit envers les personnes ou con-
« tre les propriétés, mais encore
« d'en empêcher l'accomplissement
« par tous les moyens, et, s'ils man-

citoyens sont punis, *parce que pouvant et devant résister, ils ne l'ont pas
fait.*

Comment les premiers juges n'ont-
ils pas vu que si cela est juste et
équitable lorsque, comme en l'an **IV**,
la commune s'insurge contre le pouvoir
central, lorsque, comme en 1871,
nous avons vu la Commune de Paris
ressuscitée et failli voir des préfets
faisant cause commune avec l'insurrection, parce qu'alors les citoyens
doivent aller au secours du pouvoir
central attaqué, cela n'est plus juste
et n'est plus possible, lorsque l'autorité qui se rend complice agit au
nom du pouvoir central, qui est
trompé par elle peut-être, lorsque
ce pouvoir central est dans tous les
cas derrière elle et la soutient, tout
prêt à considérer comme rebelles
ceux qui résisteraient.

Et puisque les premiers juges pro-
clament *que c'est une peine, que les
habitants sont punis pour n'avoir pas
résisté, pour avoir manqué à leur devoir d'assistance mutuelle,* nous demandons respectueusement la permis-
sion de ramener les premiers juges aux
faits :

*Comment le Préfet a-t-il répondu
à la demande de M. Joanon, des plus
imposés, les 28 et 29.*

« quent à ce devoir , de les en
« punir en les faisant contribuer à
« la réparation du préjudice , et
« des conséquences pécuniaires du
« délit qu'ils ont laissé commettre. »

*Par l'ordre de la garde nationale de
Lyon de monter à Caluire.*

*Comment a-t-il répondu à l'ordon-
nance du Président.*

Par un arrêté disant de passer outre !

Si une seule velléité de résistance
se fut produite le 1ᵉʳ octobre, si Caluire
avait été occupé par la garde nationale, si à l'abri de cette force les faits
s'étaient consommés, pourrait-on soutenir que les habitants seraient responsables. Peut-on dire dès lors
qu'ils ont commis une faute, qu'ils
doivent être punis, parce qu'ils n'en
sont pas venus aux armes, n'ont pas
provoqué cette occupation militaire et
n'ont pas fait verser le sang.

*Nous nous adressons aux Frères eux-
mêmes et c'est notre dernier mot.
Eussent-ils voulu d'une telle inter-
vention.*

Donc la loi de vendemiaire sera écartée.

La responsabilité de la commune disparaîtra parce qu'elle n'est pas non
plus soutenable au point de vue du mandat ou de l'art. 1384.

Mais les Frères s'adresseront à l'Etat qui est responsable des abus de
pouvoirs, des abus de fonctions commis par ses agents.

Réserve faite de la responsabilité personnelle de Challemel, de Vassel et consorts, sur laquelle la commune n'a rien à dire.

Il ne faut pas que la passion, le désir de punir ceux qu'on croit coupables interviennent dans le mode de procéder devant la justice. Il n'importe pas aux plaideurs par qui ils seront payés : il ne leur importe qu'une chose : être payés, par qui la justice ordonnera, du dommage qu'ils ont éprouvé.

Et, s'ils ont fait fausse route, jamais une question de frais à supporter ne peut exercer une influence sur la solution d'un litige.

Le chiffre de 50,000 allégué doit d'ailleurs être réduit à 30,000 environ.

Et ce chiffre est composé pour la plus grande partie des frais faits par les intervenants, ou à raison et à cause d'eux, qui doivent rester à leur charge.

Enfin, un jugement récent du Tribunal a rejeté l'application de la loi de vendémiaire, le Tribunal est ainsi revenu sur sa jurisprudence.

Et la Cour dans l'arrêt des Missions Africaines a posé les vrais principes : nous lui demandons de les poser encore une fois.

DEUXIÈME PARTIE

La commune de Caluire est convaincue que la Cour, réformant le jugement dont est appel, la mettra hors de cause.

Si cependant par impossible, la Cour appliquait à des faits postérieurs de 24 jours au 4 septembre et à des faits réguliers sinon légaux, la jurisprudence et les principes qu'elle a appliqués dans l'affaire des Missions Africaines, à plus forte raison restreindrait-elle dans l'affaire actuelle, et d'une manière encore plus rigoureuse, les conséquences de cette application.

Car enfin, les deux parties actuellement en cause sont également intéressantes. L'honorable avocat des intimés reconnaissait quelles incertitudes la fixation de l'indemnité rencontrait.

Or, s'il est juste que dans le doute on frappe les coupables, et par exemple autant il serait juste, s'adressant à l'Etat, de lui demander un compte sévère de la conduite de ses fonctionnaires, et si des objets ont été pillés et dévastés sans qu'il en reste trace, de lui en faire subir toutes les conséquences, parce qu'il dépendait de lui de choisir de meilleurs agents, autant il serait injuste d'appliquer ce même principe à une commune qui n'a pu rien empêcher, rien contrôler. Et cette considération s'ajoute à toutes celles que nous avons présentées contre l'application de la loi de vendémiaire.

Nous avons donc à demander aux Frères de la doctrine chrétienne un compte sévère de toutes les indemnités réclamées par eux soit au simple, soit au double.

Nous le ferons avec une très-grande réserve, reconnaissant toujours qu'ils ont été victimes, et s'ils se laissent entraîner à certaines exagérations, proclamant qu'ils subissent cet entraînement commun à tous propriétaires spoliés, de donner la valeur d'objets neufs aux objets dont ils ont été dépouillés.

Pour atteindre la commune, il faut qu'ils l'atteignent bien qu'elle soit innocente, bien qu'elle n'ait pu rien empêcher, bien qu'eux-mêmes ne lui eussent jamais demandé d'essayer d'empêcher. — Qu'ils subissent la conséquence de cette situation, et qu'ils apportent les justifications les plus rigoureuses. Leur qualité de Frères, d'hommes honorables au premier chef disparaît : ils sont des plaideurs et ils doivent justifier rigoureusement leurs réclamations.

S'ils veulent échapper à cette objection qu'ils s'adressent à l'Etat.

Ceci dit, mettons en tête de la discussion dont le rapport de M. Bissuel doit être l'objet, les textes à appliquer.

TITRE V

« ARTICLE PREMIER. — Lorsque, par suite de rassemblements ou attrou-
« pements, un citoyen aura été contraint de payer, lorsqu'il aura été volé
« ou pillé sur le territoire d'une commune, tous les habitants de la com-
« mune seront tenus de la restitution *en même nature* des objets pillés ou
« choses enlevées par force, ou d'en payer le prix sur le pied du double de
« leur valeur, au cours du jour où le pillage aura été commis.

« Art. 2. — Lorsqu'un délit de la nature de ceux exprimés aux articles
« précédents aura été commis sur une commune, les officiers municipaux
« ou l'officier municipal seront tenus de le faire constater sommairement
« dans les vingt-quatre heures et d'en adresser procès-verbal sous trois
« jours au plus tard au commissaire du pouvoir exécutif.

« Art. 6. — Les dommages-intérêts ne pourront jamais être moindres
« que la valeur entière des choses pillées et objets enlevés. »

Voilà les textes.

L'esprit qui s'en dégage est celui-ci :

Celui qui est victime en face de celui qui l'a spolié, ou qui pouvant l'empêcher d'être spolié ne l'a pas fait, doit être largement rendu indemne dans
un délai très-court et avec les formalités les plus sommaires. Mais la pensée
qu'il réalise un bénéfice, qu'il tire un profit, n'a jamais été celle de la loi.

Ne serait-ce pas monstrueux ! Que les victimes soient indemnisées, soit !
mais enrichies et enrichies par une malheureuse commune, qui n'est quelquefois coupable que d'inertie, qui, dans le procès actuel, n'est coupable de
rien, encore une fois ce serait immoral !

Aussi la loi ordonne-t-elle la restitution *en même nature* des objets pillés
et choses enlevées.

Non pas en nature, ce qui supposerait les objets identiquement les
mêmes, mais *en même nature ;* car alors la victime ne peut pas se plaindre,
la réparation est *adéquate* au mal.

Mais si cette restitution *en même nature* est impossible, la loi accorde le
double, non point encore une fois parce qu'elle sanctionne l'idée d'un béné-

fice, mais parce que, pour aller vite, pour ne point entrer dans la discussion de la valeur vénale, morale des objets qui ont disparu, elle fixe *à forfait* leur valeur au double de ce qu'ils valaient au cours du jour du pillage.

Celui qui a pillé ou laissé piller ne peut se plaindre.

Voilà l'esprit de la loi.

Jamais de lucre : — jamais de bénéfice : — et d'après l'art. 6, faculté pour le Juge d'accorder des dommages-intérêts qui ne pourront jamais être moindres que la valeur entière des objets pillés et des choses enlevées. Quand les objets auront disparu, — un forfait du double.

Aussi est-ce par une erreur d'interprétation qu'on a parlé d'indemnité pouvant être exigée triple.

Si les objets sont restitués, on pourra allouer des dommages-intérêts qui ne pourront être inférieurs à la valeur entière des objets : mais c'est une faculté pour les Tribunaux et nulle part l'obligation d'en allouer ou de les fixer au triple n'est imposée.

S'ils ne peuvent être restitués *en même nature*, ils sont restitués, au moyen du paiement du double de leur valeur, au cours du jour du pillage.

Mais les Tribunaux ont encore la faculté absolue de n'accorder aucuns dommages-intérêts ; et certes, le paiement de ce forfait du double, à titre de restitution, fera qu'ils n'en accorderont jamais.

Concluons donc que l'esprit de la loi de vendémiaire à ce point de vue est que la spoliation ne soit pas pour le spolié *une cause de lucre*. Principe nécessaire dans une loi aussi rigoureuse et quelquefois aussi injuste. Principe dont l'application doit être inflexible lorsque , comme dans le procès actuel, la commune ne mérite aucun reproche.

Ces principes posés, appliquons-les ? Et d'abord aux immeubles !

Des immeubles ont été dégradés. Il est incontestable que nous sommes dans le texte et l'esprit de la loi de vendémiaire, quand nous disons que les Frères ne peuvent demander autre chose que leurs immeubles réparés, et en même état qu'au moment de la prise de possession.

C'est une restitution en nature. Et des dommages-intérêts, aux termes de l'art. 6, il serait souverainement inique d'en allouer. Donc, pour les immeubles, les Frères n'ont droit qu'au paiement pur et simple des frais occasionnés pour la remise des immeubles dans l'état où ils étaient au moment de l'attentat.

Les mêmes principes s'appliquent aux meubles. Et il faut faire une distinction entre les meubles dégradés qu'on peut réparer, qui l'ont été, et ceux qui ont été détruits. Pour les seconds, il faut restituer le double de leur valeur au jour du pillage. Mais pour.les premiers, en les réparant, ils peuvent être restitués en nature, et dès lors la commune n'est tenue que des frais de réparation.

Et quant à des dommages-intérêts, encore une fois, dans l'espèce, il n'en est point dû et l'application de ces principes doit toujours être dominée par cette considération qu'il faut distinguer, dans les dégâts, ceux qui sont le fait des attentats de la première heure et de ceux qui, ont été postérieurs, considération qui a prévalu dans l'arrêt de l'affaire des Missions Africaines.

Ces principes ont-ils été appliqués par le jugement. Ils ont été méconnus d'une manière absolue. Du reste, l'expert n'a rempli à aucun point de vue la mission qui lui avait été confiée. Il a été nommé par ordonnance de référé et sa mission a été définie de la manière suivante :

Vérifier :

« 1° L'état actuel des bâtiments et signaler les réparations et travaux
« à faire dans la propriété ;

« 2° L'état des terrains adjacents et des objets mobiliers qui peuvent
« encore exister ; rechercher quels dommages ont été causés dans les
« bâtiments et la propriété ; indiquer quels sont les objets mobiliers
« détournés, détruits, consommés ou détériorés ; à quelles époques les
« dégâts ont été commis et les détournements prétendus opérés, notam-
« ment quels sont les actes commis pendant l'occupation de la commune et
« ceux qui lui sont postérieurs ; estimer les dommages sur le tout ; fixer
« le chiffre des travaux à exécuter ; déterminer l'indemnité qui peut
« revenir pour toute espèce de dommage et privation de jouissance. »

La pensée qui perce dans cette ordonnance dont il faut lire les consi-
dérants, c'est que l'Etat est en grande partie responsable, et qu'il faut
soigneusement distinguer les époques des dégradations ou détournements
opérés. C'était même tellement l'Etat qui était considéré comme le vrai
responsable, que lui seul a comparu dans l'ordonnance.

L'ordonnance s'exprime en ces termes :

« Attendu que le département du Rhône et l'Etat français ne peuvent,
« dès à présent, faire ordonner leur renvoi d'instance, en rejetant sur la
« commune de Caluire seule le principe et les conséquences de la respon-
« sabilité invoquée, que s'il est incontestable que la propriété des deman-
« deurs a d'abord été occupée par la commune, il n'est pas moins certain
« que des troupes irrégulières et régulières ont été casernées par le
« département et par l'Etat. . . . . »

Donnons défaut contre la commune de Caluire.

Est-ce clair ?

Comment l'expert a-t-il opéré ?

Il a énuméré tous les dégâts (pages 2 à 27).

Il a estimé les frais de réparations nécessaires à 6,055 fr. 58 c.

C'est le chiffre des dégâts pendant toute la période de l'occupation, soit à la charge de la Commune, soit à la charge de l'Etat et du Département.

Qu'a fait le jugement ?

Il a condamné la commune à payer au double la somme de 5,055 fr. 58 c.

En admettant, suivant le subsidiaire que nous examinons en ce moment, une responsabilité quelconque de la commune, nous demandons la réformation de cette partie du jugement à un double point de vue.

1° En tant que le double a été prononcé, attendu et par les raisons déduites plus haut, que des immeubles réparés doivent être assimilés aux objets mobiliers rendus en même nature ;

2° En tant qu'on n'a pas distingué la part afférente au génie militaire, au Département et à l'Etat.

Disons pour la dernière fois que ces indemnités rigoureuses écrites dans la loi ne peuvent aucunement, eu égard aux faits particuliers de la cause, être grossis d'une indemnité ou de dommages-intérêts aux termes de l'article 6.

Ajoutons comme considération générale, qu'il y a lieu d'examiner de très-près ce chapitre relatif aux immeubles ; pendant les années 1871-1872 les

Frères ont fait exécuter à leurs immeubles des réparations plus ou moins considérables, parmi lesquelles des réparations ou reconstructions tout-à-fait étrangères au procès.

Nous avons tous les comptes en main !

Il importe que l'expert qui sera nommé se rende un compte exact des réparations qui ont été vraiment le résultat des événements de 1870.

Nous arrivons aux meubles !

Ici nous ne pouvons nous empêcher d'adresser à l'expertise une critique sévère.

Comment a-t-elle procédé et sur quels documents !

Il y a eu plusieurs phases dans l'occupation, au dire de l'honorable avocat des Frères lui-même. Il y a eu la période des premiers jours du 28 septembre au 6 octobre, pendant laquelle les Frères ont encore occupé l'établissement jusqu'au moment où l'inventaire commencé par trois conseillers municipaux a été continué par un commissaire-priseur, M. Guelle.

Or, les Frères articulent que pendant cette période, en denrées, objets mobiliers détruits, disparus, ils ont subi une perte de 21,492 fr. 36 cent.

L'expert constate, pages 27-28 de son rapport, que ce chiffre de 21,492 fr. 36 c. a été fixé par les Frères *sans que rien ait permis de contrôler.*

Or le jugement a admis *ce chiffre de 21,492 fr. 36 c. et il l'a porté au double.*

Et lorsque nous disons aux Frères qu'ils devaient avoir un inventaire, tant les objets disparus avant l'inventaire ont été indiqués par eux à l'expert, avec des détails minutieux de nombre, de poids, de valeur, ils répondent *que jamais un inventaire n'a existé et qu'ils ont produit ces détails de mémoire, ou en consultant des factures.*

Comment n'ont-ils pas produit ces factures?

Et puis ce compte de 21,492 fait rêver!

Comment! il s'agit d'une malheureuse commune, absolument innocente, qui n'a rien pu faire pour empêcher le mal, qui n'en a pas profité ; les Frères ne veulent pas s'adresser à l'Etat, responsable moralement au moins par ses agents de tous les dégâts commis. Et ils présentent, sans contrôle possible, une note de plus de 21,000 fr., et ils obtiennent de ce chef plus de 42,000 fr. Quoi donc on leur donne ainsi le privilége d'être absolument crus, sans discussion ? Et c'est une nouvelle preuve que nous ne sommes pas dans le cas de l'application de la loi de vendémiaire : car dans les circonstances en vue desquelles elle a été créée, dans les 24 heures l'autorité du lieu dressait un état des dégâts et pillages.

Nous demandons formellement le rejet absolu de cette somme, non-seulement au double, mais au simple.

Nous répétons aux Frères :

Allez trouver l'État : si cette incertitude règne, c'est parce que ses agents à lui qui ont commis les actes condamnables n'ont point dressé d'état régulier. Qu'il soit donc responsable de ses agents ; mais point une malheureuse commune, de malheureux habitants qui n'ont pu rien faire.

L'expert examine ensuite le chiffre des dégâts causés aux meubles et objets mobiliers constatés dans l'inventaire de M. Guelle, et contrôlés au moment où l'expert a dressé son rapport, vérifiant ceux qui avaient disparus, ceux qui avaient été dégradés, ceux qui n'avaient subi aucune dégradation.

Ici l'expert a donc pris pour base le rapport de M. Guelle.

Mais il a usé d'un procédé d'évaluation qu'il importe de signaler.

M. Bissuel était un architecte.

C'était une lourde tâche que de lui confier, pour en tirer des conséquences aussi graves, une expertise avec mission de fixer le prix, qui portait *sur des livres de science, de piété, d'école, des devoirs d'écoliers, du vieux papier, des vieux chiffons, des objets de lingerie, de pharmacie, des habits, des chapeaux, des ustensiles de cuisine, des provisions de bouche, du vin, des récoltes levées, pendantes et en terre, de la literie, du linge, du mobilier, des fourrages, etc., etc.*

Il n'a pas reculé; mais il a rempli sa mission de la manière suivante : la Cour appréciera.

Il a adopté tous les prix de M. Guelle, et puis voici comment il s'explique à la page 27 de son rapport.

« Cet état (de M. Guelle) indiquant tous les objets qui existaient avant
« l'occupation, nous avons dressé dans le même ordre un état des objets
« restants, lequel état a été contrôlé et approuvé par le sieur Rivière,
« délégué de la Préfecture du Rhône, en qualité de conservateur des
« bâtiments, et la différence entre ces deux états nous donne la quantité
« des objets manquants détruits ou disparus. Ce travail a été dressé sur
« trois colonnes, dont une pour l'inventaire Vassel (autrement dit Guelle),
« la seconde, pour celui dressé par nous, et la troisième, pour les objets
« manquants ou détériorés. Ce dernier état seulement est reproduit dans

« notre rapport afin d'éviter la transcription des volumineux détails dressés
« sur trois colonnes, dont le cahier est joint au dossier, ainsi que l'inven-
« taire Vassel (Guelle).

« *Nous faisons remarquer que les prix appliqués par le sieur Guelle ont dû*
« *subir une augmentation notable*, ceux dans l'inventaire ayant été posés
« comme mise à prix pour objets devant être vendus à l'encan, et avec
« une diminution calculée pour laisser monter les enchères, tandis que
« dans l'état ces objets servaient à l'établissement et ne peuvent réelle-
« ment subir que la dépréciation résultant de l'état de vétusté. »

Voilà le procédé : il est des plus simples et il supprime toute nécessité
d'une compétence spéciale. L'inventaire Guelle a donné une série de prix.
Par une présomption qu'il crée, M. Bissuel les a augmentés *dans une*
proportion notable et son évaluation a été faite.

Nous avons voulu savoir ce qu'il pouvait y avoir de fondé dans cette
présomption et nous avons écrit à M. Guelle.

Il nous a répondu le 2 juillet la lettre suivante :

« J'ai l'honneur de répondre à votre lettre et de vous donner les rensei-
« gnements que vous désirez. Si je ne fais erreur, je crois, bien que je
« n'aie pas de titre en main, que l'estimation du mobilier de l'établis-
« sement des Frères de Caluire s'élève à environ 45,000 francs. Cette
« estimation n'a point été fait dans les conditions ordinaires, eu égard aux
« circonstances malheureuses sous l'influence desquelles elle s'est accomplie

« J'ai estimé les objets mobiliers sur ce pied, soit un tiers de plus qu'en
« temps ordinaire et ce, afin que les Frères, ainsi que je le prévoyais,
« pussent moyennant une légère élévation du chiffre principal de l'esti-
« mation, être indemnisés des pertes qu'ils subissaient violemment. Ainsi

« l'estimation en temps ordinaire n'eût pas atteint un chiffre de plus de
« 30,000 francs. C'est donc 15,000 francs de surélévation et en vente
« régulièrement opérée à cette époque, je n'aurais pu tirer de tout ce mo-
« bilier, y compris les denrées alimentaires, plus de 20,000 francs au
« maximum. Je me suis donc basé pour mon estimation sur les cours
« antérieurs de 69 à juin 1870 et je les ai augmentés d'environ 30 0/0.
« Sont exceptées de la masse des objets mobiliers les denrées alimentaires
« seules, telles que vins, pommes de terre, fruits, blé, foin et animaux qui
« ont été estimés au cours du jour à cause de leur élévation excessive.

« Et je crois sincèrement qu'on obtiendrait un mobilier bien supérieur
« à celui qui a été inventorié pour 60,000 francs.

Signé : Guelle.

Cette lettre est nette, précise, et par dessus tout honnête.

Elle dévoile le procédé commode de l'expertise et elle renverse tout
l'échafaudage des évaluations.

Les adversaires ont senti quel coup cette déclaration leur portait ; ils ont
alors dit que M. Guelle était l'homme de Vassel, qu'il avait fallu une
ordonnance pour lui faire déposer son inventaire, et que récemment des
procès qu'il a eus au Tribunal et devant la Cour démontrent quel cas il faut
faire de cet homme !

Ce sont des paroles bien graves contre un homme qui ne peut se défendre.
L'avocat de la Commune leur donne un démenti formel et *pour cause*.
M. Guelle a été un très-honnête commissaire-priseur, démissionnaire par
suite d'une grave et incurable maladie. Il a pris le parti des Frères, comme
l'huissier Borgat. Il n'a pas déposé son rapport sans une ordonnance, pour
sauvegarder sa qualité de commissaire-priseur. Mais son estimation a été

une estimation vraie et sérieuse : celle de M. Bissuel a été une estimation fantaisiste, basée sur des hypothèses et des présomptions qui le dispensait de la science et des connaissances nécessaires.

Au reste nous ne demandons rien autre, sinon qu'une expertise nouvelle ait lieu, en prenant pour base les quantités constatées dans l'inventaire Guelle, pour base aussi en ce qui concerne les objets énumérés dans la lettre le cours du jour : et pour tous les autres le nouvel expert appréciera. Et on verra laquelle des estimations a été fantaisiste.

Mais en vérité, nous le disons encore, on croit rêver, quand, pour frapper une malheureuse Commune innocente, des expertises sont dressées dans de telles conditions. Car en suivant ces procédés, l'expert est arrivé, tant pour objets détruits et manquants, que pour objets dégradés à réparer, à la somme énorme de 53,763 fr. 61 c.

Et le Tribunal a alloué cette somme en la *doublant*.

Nous élevons contre cette allocation les critiques suivantes :

1° Dans ce chiffre de plus de 50,000 fr. porté au double, il fallait distinguer les deux périodes, dont nous avons parlé plus haut, et *ne mettre à la charge de la Commune que ce qui était le résultat de l'occupation de la Commune*, comme le disait très-bien l'ordonnance de référé transcrite plus haut ;

2° Il fallait distinguer avec un très-grand soin les objets *détruits* et *disparus*, des objets *existant encore et dégradés ou détériorés :* pour les premiers, il fallait fixer la valeur au double de la valeur du cours du jour du pillage : pour les seconds, il fallait se rappeler que la loi de vendémiaire autorise les restitutions en même nature des objets, et que les objets réparés sont considérés comme restitués en même nature, ajoutant que pour tous les objets consistant en denrées, vins, etc., disparus ou non, il fallait accorder à la Commune l'option de les restituer en même nature, qu'enfin jamais une question d'indemnité dans les termes de l'art. 6 ne pouvait être soutenue dans le procès actuel ;

3° . Dans les limites que nous venons d'indiquer, il fallait rejeter impitoyablement l'expertise de M. Bissuel et ses raisonnements fantaisistes. Il fallait dire que par tel expert, qui se ferait assister de M. Guelle, l'évaluation de ce dernier serait contrôlée en sa présence.

La Cour rejettera donc le chiffre porté par le premier juge, de 53,763 fr. 61 c. ; elle posera une base en disant que l'expert devra rechercher pendant quelle période les objets ont disparu ou ont été dégradés, et pour les objets disparus et dégradés pendant la période d'occupation de la Commune, elle dira que les objets disparus consistant en grains, denrées, vins, pourront être rendus en même nature, si mieux n'aime la Commune en payer le double de la valeur au cours du jour du pillage ; elle dira que ceux qui ne pourront être rendus en même nature seront restitués au double de leur valeur ; elle dira enfin que ceux qui sont réparés seront considérés comme restitués en nature.

C'est sur ces bases que l'expert ou la Commission d'approvisionnement des Hospices assistée de M. Guelle, pourront fixer la valeur réelle des objets.

Les adversaires ont fait une objection !

Ils ont dit : *Comment voulez-vous qu'un nouvel expert procède ? Les éléments manquent.* C'est à bon droit que la Commune pourrait leur adresser cette question, au fond : *Comment vouliez-vous que la Commune fît ? car elle ne pouvait faire autrement.*

Mais ils ne peuvent faire cette objection contre une nouvelle expertise.

Les éléments dont disposera le nouvel expert sont les mêmes que ceux dont a disposé M. Bissuel :

A savoir :

L'inventaire de M. Guelle. Son estimation. La représentation des objets non disparus.

Seulement le nouvel expert, au lieu de créer une évaluation fantaisiste, se fera assister de M. Guelle et donnera une évaluation réelle et sérieuse.

Nous n'avons voulu élever contre cet étrange rapport que les critiques générales nécessaires pour le faire mettre de côté.

Si nous entrions dans les détails, la Cour serait stupéfaite.

Il y a un grand nombre d'articles dans lesquels la valeur fixée est absoment arbitraire à première vue et ne supporte pas l'examen.

Il y a un grand nombre d'articles de réparations : réparations d'une table, d'un banc, d'une chaise, appropriation des objets de literie, etc., dans lesquels, pour un très-grand nombre de réparations de même nature, l'expert a compté pour chacune un salaire spécial, comme si pour chacune l'ouvrier se fût dérangé. Est-ce un procédé acceptable !

Nous avons parlé aussi des vitres, on s'est récrié : Nous maintenons notre obervation en ce sens que la mesure du mètre carré ne devait pas être appliquée à une ou deux vitres, mais à la masse de toutes les vitres qu'il y avait à poser, comme cela se pratique toujours.

Mais, nous dira-t-on, toutes ces critiques sont très-graves : comment le premier juge ne les a-t-il pas vues et a-t-il passé outre ? c'est ici qu'il faut s'expliquer franchement.

Devant le premier juge on a fait de la politique : la commune, Vassel et consorts étaient associés, et le premier juge s'est trouvé en face d'une commune qui n'a apporté aucun contredit au rapport.

Devant le silence gardé et devant l'absence de conclusions pour procéder à une autre expertise, le premier juge a purement et simplement enregistré la première.

Est-ce d'ores et déjà prouvé ?

Oui, puisque dans son ordonnance il avait prescrit et distingué ce qui était la part de l'Etat et ce qui était la part de la Commune et du Département, et cette distinction ne se trouve pas dans le jugement. Il a tout mis à la charge de la Commune : c'est uniquement parce qu'aucune discussion, aucune conclusion n'a eu lieu et n'a été prise dans ce sens, et qu'un juge n'est pas tenu de défendre les parties malgré elles.

Et enfin il y a cette dernière preuve qui montre à quel point la politique a seule inspiré les premiers débats.

Devant la Cour, et que la Cour veuille bien le retenir, les Frères ne sont même pas fondés à réclamer le double de la valeur pour les objets disparus, de la disparition desquels ils sont responsables, *car ils n'y ont jamais conclu.*

Ils ont été, lors du règlement des qualités en première instance, mis par Me Balloffet, avoué de la Commune, en demeure de produire leurs conclusions sur ce point et ils n'ont pu le faire.

En 4ᵉ lieu le jugement accorde, sanctionnant encore le rapport de M. Bissuel, la somme de 5,000 fr. pour les trousseaux de novices et il dit que cette somme sera portée au double.

Mêmes critiques contre cette allocation : on ne dit pas à quel moment l'enlèvement a eu lieu : il n'y a aucun contrôle de la quantité de ces objets, et l'option n'est pas donnée à la commune de restituer ces objets en même nature. La Cour réformera encore de ce chef.

Un cinquième article est celui des dégâts dans le clos et récoltes perdues pour 5,113 francs : le Tribunal accorde le double de cette somme.

C'est une estimation plus fantaisiste que toutes les autres. Car un homme fort honorable, M. Thollon, que la Cour pourrait entendre ou plutôt que l'expert nommé entendra, a fixé ce chiffre à la somme 516 francs, et encore cette estimation est-elle, suivant lui, favorable aux Frères.

Et dans tous les cas, pour les motifs produits plus haut, le double ne devrait pas être accordé.

Tels sont les cinq chefs d'estimation accueillis purement et simplement par les premiers juges, *en l'absence d'une contradiction*, ainsi qu'il le dit du reste dans son jugement.

Nous résumons :

1ᵉʳ Chef. — Dégâts aux bâtiments 6,055 fr. 58 c.

Il faut distinguer les époques. Il ne faut ordonner le paiement que de ce qui a été le résultat de l'occupation. Il faut ordonner seulement le paiement simple de ce qu'ont coûté les réparations.

2ᵉ Chef. — Objets mobiliers et provisions enlevés avant l'inventaire du commissaire-priseur : 21,492 fr. 36 c.

Rejet absolu. — Il n'y a aucun contrôle, aucune justification, les Frères n'avaient pas quitté l'établissement. C'est à l'Etat seul qu'une pareille somme pourrait être demandée.

Et à ce propos, le journal le *Courrier de Lyon*, dans son numéro du 3 juillet 1873, contient un article qui peut jeter un certain jour sur cette affaire en montrant combien les responsabilités sont difficiles à établir, si on ne les fait pas résulter d'une présomption. C'est article est ainsi conçu :

« Le *Siècle* se plaint, non sans amertume que l'Administration ait refusé
« au fils de M. Rochet, enterré civilement le 25 juin dernier, une concession
« au cimetière, M. Rochet, dit le *Siècle*, avait vécu en libre-penseur, c'est
« pour cette raison qu'une concession lui a été refusée. Tout cela est exact.
« Rochet avait vécu en libre-penseur. Jugez-en : avant le 4 septembre il
« servait chez les Frères de Cuire ; il s'était montré jusque-là homme d'or-
« dre et de probité. Quand les Frères furent expulsés de leur établissement
« au nom de la liberté, égalité, fraternité, ils en confièrent la garde à
« Rochet, qui ne se trouvant plus soumis à aucun contrôle, fut soudain pris
« de convoitises irrésistibles pour le bien d'autrui.

« Il devint radical, vendit les récoltes, s'en adjugea le prix : lorsque les
« Frères rentrèrent ils ne voulaient pas le recevoir.

« Bref, Rochet s'enfuit, revint et mourut en libre-penseur. »

Y aurait-il donc eu un employé des Frères qui aurait participé aux déprédations, nous n'insistons pas. Mais encore une fois, allez donc à l'Etat, le coupable, parce que ses agents n'ont pas pris les mesures nécessaires pour éviter de pareilles incertitudes et un tel arbitraire.

3ª Chef. — Dégâts du mobilier et provisions enlevées depuis l'inventaire, 53,763 fr. 61 c.

Il faut distinguer les périodes.

Permettre de restituer en même nature les objets qui en sont susceptibles.

Considérer comme objets restitués en nature les objets réparés.

Ne prononcer le double que pour les objets disparus non susceptibles d'être restitués en même nature.

Et encore l'absence de conclusions prises en 1re instance pour le double de ce chef, sur le double ne le permet-elle pas.

4ᵉ Chef. — Enlèvement de trousseau de Novices, 5,000 fr.

Aucun contrôle, et dans tous les cas il faut autoriser la restitution en même nature.

5ᵉ Chef. — Dégâts dans le clos et récoltes perdues, 5,113 fr.

Rejet du double; nouvelle évaluation. Il n'y a eu que pour 515 fr. de dégâts.

Il reste deux chefs pour lesquels le double n'a pas été prononcé :

1° Frais de déplacement des Frères et Novices, 3,310 francs.

2° 2,500 fr. pour la part à la charge des habitants de Caluire de l'indemnité due pour la privation de jouissance.

Nous nous en rapportons sur ces deux chefs, mais nous ne pouvons ne pas faire observer que les Frères oublient trop facilement qu'ils s'adressent à une commune innocente. Ils oublient encore une fois qu'à tous les points de vue ils devaient s'adresser à l'État, et que, grâce à ce procès, leur présence dans la commune de Caluire sera désormais impossible, ou plutôt qu'ils doivent renoncer à y faire le bien qu'ils ont le droit de faire partout où ils passent.

Comment en effet ne pas être épouvanté du chiffre total alloué par le jugement, 189,059 fr. 10 cent.

Ce sera notre dernier mot, et nous le mettons en regard de cette protestation suprême de la commune.

Vous nous imposez ce chiffre comme le châtiment d'une faute.

Quelle faute avons-nous commise? Comment pouvions-nous faire autrement? Les Frères nous l'eussent-ils demandé? Avons-nous pu empêcher quelque chose?

Que la Cour prononce.

Pour la Commission Municipale de Caluire :

Le Délégué spécial :

M. COQUET.

Me MORIN, *avocat plaidant*.

Lyon.— Imp. du Salut Public.— Bellon, r. de Lyon, 33.

9 782012 983793